LEIPZIG

mitteldeutscher verlag

Daniel Köhler

LEIPZIG

Im Fokus

Mit einem Geleit von
Anne-Katrin Hutschenreuter

Johannisplatz mit Blick auf das City-Hochhaus

I M U S E U

POST
Leipziger Stadtwerke
WE LOVE
TO SAY
YES!

Alte Hauptpost mit Blick auf »Ring-Café«

Alte Hauptpost mit Blick auf Augustusplatz

Augustusplatz mit City-Hochhaus, Universität und Fontäne

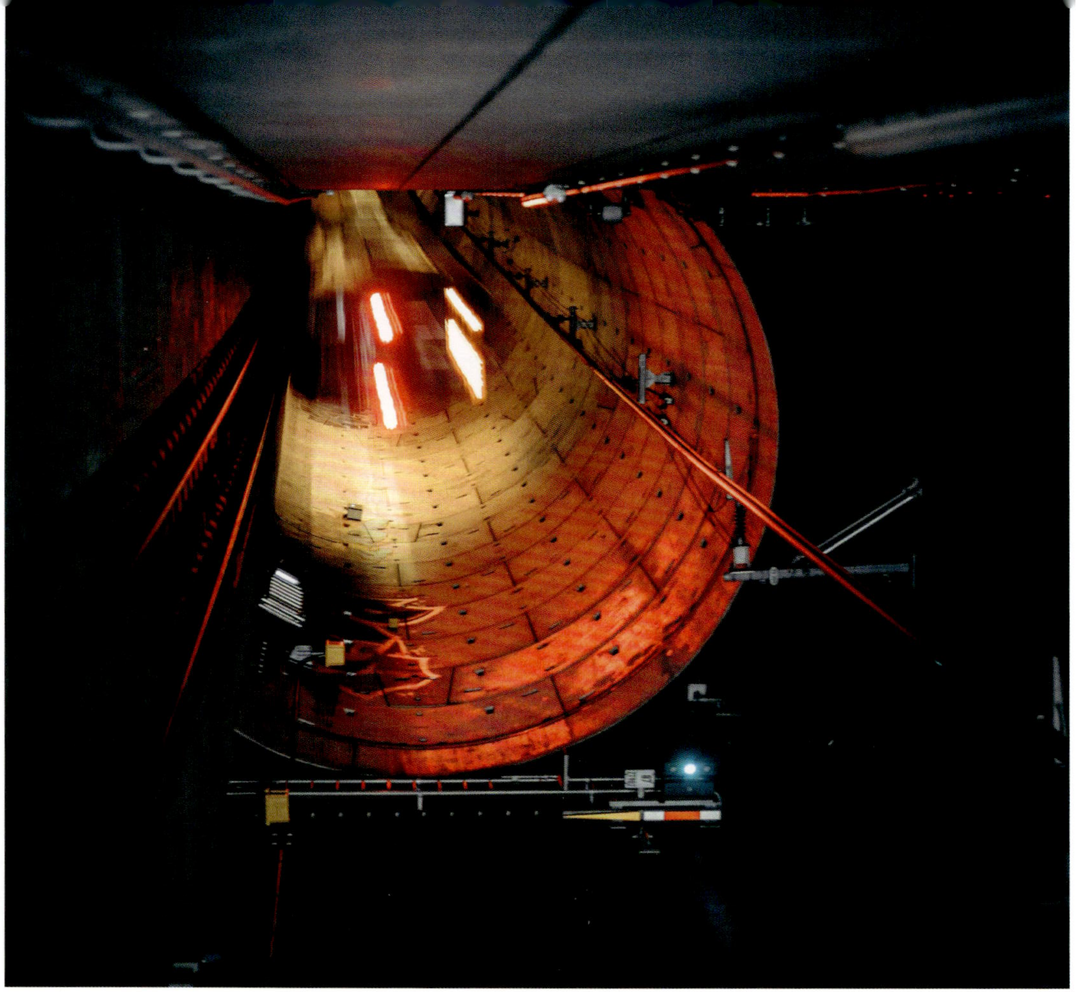

S-Bahn-Tunnel Station »Markt«

S-Bahn-Station »Markt«

Museum der bildenden Künste

Innenbereich des Museums der bildenden Künste

Sachsenbrücke im Clara-Zetkin-Park

snack'n coffee

Osthalle Hauptbahnhof Richtung Bahnsteige

Osthalle Hauptbahnhof

RB110 Grimma ob. Bf
MRB
19

Imposante Dachkonstruktion des Hauptbahnhofs

Tropische Atmosphäre im Gondwanaland

Tatra-Straßenbahn auf der Jahnallee

Leipziger
2176

HÖFE AM BRÜHL

3 Taucha
2123

Die neue »Blechbüchse« als Teil der »Höfe am Brühl«

PIZZA & PASTA

Der Turm des Neuen Rathauses

VOLKSEIGENE
MÖBELKOMBINATE
DER DDR
VM

Wie
aus
dem
Ei
gepellt
durch
Fleischerei
Richter
ALDI
Nürnberg
Berlin
Halle
Zentrum

Peterssteinweg stadtauswärts

PACE

Sommerkino auf der »Feinkost«

Leuchtreklame »Löffelfamilie« auf dem Feinkost-Gelände

BRD 2016
ENG. UT
IRAN
OMU 2016

FÊTE DE LA MUSIQUE
LEIPZIG
BETTER
RUN

Cospudener See, Pier 1

HALLE
GER

CULT MONDAYS

Bar »Noch Besser Leben«

KONSUM
LEIPZIG

»Konsum« im Westwerk

VENTIL
SPATI
1330

Kneipe »Ventil«

»Persil«-Werbung an einer Plagwitzer Hausseite

S
W
E
A

merkurhaus

Merkurhaus

Schillerstraße mit Blick auf das City-Hochhaus

RIQUET
A.G.

Speck's Hof
MARCCAIN

Specks Hof, Lichthöfe in der Passage

Mädler-Passage

ITALIENISCHES
RESTAURANT
TRATTORIA

Das elegante Treppenhaus der Oper Leipzig

Saal der Oper

Eingang zum Lene-Voigt-Park

Sport im Lene-Voigt-Park

Messe-Logo am Osttor der Alten Messe

Glashalle der Neuen Messe

DAS LAND, DAS DIE
NICHT BESCHÜTZT, GEHT
(GOETHE)
PILOT

Schauspiel
FAU
ST

Flugsteige 1 – 26
Gates 1 – 26
Ankunft
Arrivals
Information
Information
Parkhaus (A–B)
Car Park (A–B)
Behinderten-WC
Disabled
Toiletten
Toilets
Parkhaus (C)
Car Park (C)
DER
Service

MORITZBASTEI
INFORMATION

SONG SLAM

8
Leipziger
2151

Weihnachtsmarkt auf dem Augustusplatz

Passagengang in Specks Hof

114

115

Weihnachtsbaum in der Mädler-Passage

Propsteikirche St. Trinitatis

Thomaskirchhof

Feuerzangenbowle
Nikolai Eck

Weihnachtsmarkt auf dem Nikolaikirchhof

Großer Weihnachtsbaum auf dem Marktplatz

Erfrischend dunkel

Karussell im Hauptbahnhof

Neues Rathaus

Umschlagfotos: Lessingstraße mit Blick auf das Neue Rathaus (vorn); Völkerschlachtdenkmal (hinten)

2019

www.mitteldeutscherverlag.de

Gesamtherstellung: Mitteldeutscher Verlag, Halle (Saale)

Lektorat: André Schinkel, Halle (Saale)

ISBN 978-3-96311-220-1

Printed in the EU